Mug Cakes

MAYA BARAKAT-NUQ

FOTOS JULIE MECHALI
FOODSTYLING ISABELLE GUERRE

HEEL Verlag GmbH
Gut Pottscheidt
53639 Königswinter
Tel.: 02223 9230-0
Fax: 02223 9230-13
E-Mail: info@heel-verlag.de
www.heel-verlag.de

Éditions First
12, avenue d'Italie
75013 Paris
Tel.: 0033 01 44 16 09 00
Fax: 0033 01 44 16 09 01
E-Mail: firstinfo@efirst.com
www.editionsfirst.fr
www.grund.fr

Original-Titel: Maya Barakat-Nuq, Mug cakes. En 2 minutes au micro-ondes!
Original-ISBN 978-2-7540-5965-7
Redaktion: Audrey Bernard

Bildnachweis:
Fotografie: © Julie Mechali
Foodstyling: Isabelle Guerre
Grafisches Konzept: WarzalaWorks
Layout: Istria
Cover: Chrystel Proupuech

Deutsche Ausgabe:
Übersetzung aus dem Französischen: Christa Trautner-Suder
Satz: Claudia Renierkens, renierkens kommunikations-design, Köln
Lektorat: Christine Birnbaum

Printed in Italy

978-3-86852-987-6

INHALT

EINLEITUNG

Sie bekommen plötzlich eine unüberwindbare Lust auf etwas Süßes? Hier finden Sie die Sofortlösung!
Sie haben weder den Mut noch die Geduld zum Backen und keine Lust, darauf zu warten, dass in einem traditionellen Backofen ein Kuchen fertig wird?
Sie sind glücklicher Besitzer einer Mikrowelle?
Sie haben eine große Tasse – eine Bechertasse –, eine Gabel und 5 Minuten Zeit?
Dann sind für Sie Mug Cakes, die im Handumdrehen vorbereitet, gebacken und verzehrt sind, genau das Richtige!

DAS SOLLTE MAN WISSEN, BEVOR MAN BEGINNT

Die in diesem Buch angegebenen Rezeptmengen und Backzeiten gelten für eine 800-Watt-Mikrowelle. Es reagieren jedoch nicht alle Mikrowellen trotz identischer Leistung auf die gleiche Weise.
Hier einige Tipps für das Backen:

- Beginnen Sie mit einer etwas kürzeren Backzeit als angegeben und verlängern Sie schrittweise um jeweils 20 Sekunden, bis Sie die für Ihre Mikrowelle passende Backzeit herausgefunden haben.
- Passen Sie die Backzeit der Größe und dem Material Ihrer Bechertasse an. Sobald Sie die perfekte Backzeit für Ihre ideale Tasse herausgefunden haben, verändern Sie nichts mehr daran!
- Der Backvorgang Ihres Kuchens hält noch einige Augenblicke nach dem Herausnehmen aus der Mikrowelle an. Bedenken Sie dies und verbrennen Sie sich nicht die Zunge!
- Die Rezeptmengen sind für 2 Personen angegeben, große Naschkatzen können sich aber auch an einem gut gefüllten Becher gütlich tun, sehr Vernünftige hingegen teilen die Menge auf 3 Becher auf.
- Ein Mug Cake ist im Prinzip dafür gedacht, sofort verzehrt zu werden, nachdem er etwas abgekühlt ist. Eine längere Wartezeit kann sich negativ auf die Konsistenz auswirken.
- Für die Zubereitung, das Backen und Genießen eines Mug Cakes brauchen Sie nur ein einziges Gefäß; wir haben uns allerdings dazu entschieden, die Zutaten für 2 Personen anzugeben und daher in 2 getrennten Bechern zu backen. Es spricht jedoch nichts dagegen, die Zutaten in einem einzigen Becher zu backen und anschließend zu teilen.

Schließlich sollten Sie noch Folgendes wissen: Wer einmal auf den Geschmack von Mug Cakes gekommen ist, kommt nicht mehr ohne sie aus!!!

1001 KÖSTLICHE OPTIONEN

Wenn Sie nach einigen tastenden Versuchen die Methode beherrschen, können Sie Mug Cakes mit allem zubereiten, was Sie lieben! Und da die größten Leckermäulchen sehr oft unwiderstehliche Gelüste nach Zucker und Leckereien verspüren, haben wir auch einige Rezepte für Figurbewusste mit aufgenommen, die das Vergnügen in vernünftigen Grenzen halten möchten!

DOPPELT SCHOKOLADIG

2 PERSONEN • PREISWERT • SEHR EINFACH • ZUBEREITUNG: 5 MIN • BACKZEIT: 2 MIN

KÜCHENUTENSILIEN

1 Schüssel
1 Schneebesen
2 Bechertassen

ZUTATEN

50 g dunkle Schokolade mit 70 % Kakaoanteil
20 g Butter
1 Ei
100 ml flüssige Sahne
3 gehäufte EL Mehl
2 EL Zucker
1 EL dunkle Schokotropfen

Variante

Die dunklen Schokotropfen durch weiße ersetzen.

Tipp

Um die Schokotropfen selbst herzustellen, Schokoladenstückchen mit einem Messergriff zerdrücken.

ZUBEREITUNG

1 Die dunkle Schokolade in kleine Stücke brechen und in einer Schüssel zusammen mit der Butter in der Mikrowelle schmelzen lassen.

2 Unter kräftigem Schlagen die flüssige Sahne und das Ei zugeben.

3 Den Zucker und das Mehl dazugeben, gut mischen, anschließend die Schokotropfen untermischen.

4 Die Mischung auf die 2 Bechertassen verteilen. In der Mikrowelle auf höchster Stufe (800 Watt) 1 Minute und 30 Sekunden backen. Vor dem Verzehr etwas abkühlen lassen.

VANILLE INTENSIV

2 PERSONEN • PREISWERT • SEHR EINFACH • ZUBEREITUNG: 5 MIN • BACKZEIT: 2 MIN

KÜCHENUTENSILIEN

1 Schüssel
1 Schneebesen
2 Bechertassen

ZUTATEN

1 TL Vanilleextrakt
20 g Butter
1 Ei
3 EL flüssige Sahne
3 EL Mehl
2 EL flüssiger Rohrzucker
¼ TL Backpulver

Für die Glasur:
1 TL Frischkäse (z. B. Philadelphia)
1 EL Puderzucker
bunte Zuckerstreusel

Variante

Einen Esslöffel Rum zugeben: Er harmoniert sehr gut mit der Vanille.

Tipp

Um dem Ganzen einen etwas fantasievolleren Touch zu geben, den Teig mit bunten Zuckerstreuseln bestreuen oder etwas Lebensmittelfarbe unterrühren.

ZUBEREITUNG

1 Die Butter in einer Schüssel in der Mikrowelle 20 Sekunden zerlassen.

2 Das Ei, die flüssige Sahne, den Rohrzucker, das Vanilleextrakt, anschließend das Mehl und das Backpulver zugeben und nach jeder Zugabe kräftig mit dem Schneebesen schlagen.

3 Den Teig auf 2 Bechertassen verteilen und auf höchster Stufe (800 Watt) in der Mikrowelle 1 Minute und 30 Sekunden backen.

4 Für die Glasur den Frischkäse mit Puderzucker und 1 Teelöffel Wasser verschlagen. Die fertig gebackenen Mug Cakes mit der Glasur bestreichen und mit bunten Zuckerstreuseln bestreuen.

GESALZENES BUTTERKARAMELL

2 PERSONEN • PREISWERT • SEHR EINFACH • ZUBEREITUNG: 7 MIN • BACKZEIT: 2 MIN

KÜCHENUTENSILIEN

1 Schüssel
1 Schneebesen
2 Bechertassen

ZUTATEN

20 g gesalzene Butter
3 gesalzene Butterkaramellbonbons
100 ml flüssige Sahne
1 Ei
2 EL Mehl
1 EL Maisstärke
1 EL Zucker
¼ TL Backpulver

Für die Sauce:
3 EL flüssige Sahne
4 gesalzene Butterkaramellbonbons

Variante

Die gesalzenen Butterkaramellbonbons durch Karamellstangen ersetzen.

Tipp

Die ideale Backzeit hängt von Ihrer Mikrowelle und deren Leistung ab. Am besten gehen Sie stufenweise vor und verlängern die Backzeit falls nötig.

ZUBEREITUNG

1 Mit der Sauce beginnen: Die 4 Karamellbonbons klein schneiden und zusammen mit der flüssigen Sahne 30 Sekunden in der Mikrowelle schmelzen lassen. Mischen und beiseitestellen.

2 In einer Schüssel die Butter in der Mikrowelle zerlassen, anschließend das Ei, das Mehl, die Stärke, den Zucker, das Backpulver und die flüssige Sahne zugeben. Gut mischen.

3 Die gesalzenen Butterkaramellbonbons sehr klein schneiden, die Teigmischung auf 2 Bechertassen verteilen.

4 Die Karamellstücke in den Teig stecken und auf höchster Stufe (800 Watt) in der Mikrowelle 1 Minute und 30 Sekunden backen. Mit Karamellsauce überzogen servieren.

NUTELLA-NOISETTES

2 PERSONEN • PREISWERT • SEHR EINFACH • ZUBEREITUNG: 5 MIN • BACKZEIT: 2 MIN

KÜCHENUTENSILIEN

1 Schüssel – 1 Schneebesen
2 Bechertassen

ZUTATEN

2 EL Nutella
6–7 Haselnüsse
1 Ei
30 g Butter
2 EL Zucker
2 EL flüssige Sahne
4 EL Mehl
¼ TL Backpulver

ZUBEREITUNG

Die Haselnüsse grob hacken, die Butter in einer Schüssel in der Mikrowelle 20 Sekunden zerlassen. Das Ei, den Zucker, die Sahne, Nutella und anschließend das Mehl und das Backpulver zufügen und nach jeder Zugabe kräftig schlagen. Die Hälfte der Haselnüsse unterrühren, mischen und den Teig auf 2 Becher verteilen.

In der Mikrowelle auf höchster Stufe (800 Watt) 1 Minute und 30 Sekunden backen, vor dem Verzehr mit den restlichen Haselnüssen bestreuen.

MANDEL-MUG-CAKES

2 PERSONEN • PREISWERT • SEHR EINFACH • ZUBEREITUNG: 5 MIN • BACKZEIT: 2 MIN

KÜCHENUTENSILIEN

1 Schüssel – 1 Schneebesen
2 Bechertassen

ZUTATEN

1 Ei
20 g Butter
2 EL Zucker
2 EL flüssige Sahne
2 Tropfen Bittermandelextrakt
2 EL Mehl
1 EL gemahlene Mandeln
¼ TL Backpulver
1 TL Mandelblättchen

ZUBEREITUNG

Die Butter in einer Schüssel in der Mikrowelle 20 Sekunden zerlassen. Das Ei, den Zucker, die flüssige Sahne, das Bittermandelextrakt, das Mehl, die gemahlenen Mandeln und das Backpulver zugeben und nach jeder Zugabe kräftig schlagen.

Auf 2 Bechertassen verteilen und in der Mikrowelle auf höchster Stufe (800 Watt) 1 Minute und 30 Sekunden backen. Nach dem Herausnehmen aus der Mikrowelle mit den Mandelblättchen bestreuen.

BIRNE-SCHOKOLADE

2 PERSONEN • PREISWERT • SEHR EINFACH • ZUBEREITUNG: 5 MIN • BACKZEIT: 2 MIN

KÜCHENUTENSILIEN

1 Schüssel
1 Schneebesen
2 Bechertassen

ZUTATEN

100 g Birnenkompott
1 TL reines Kakaopulver
30 g Butter
1 Ei
2 EL Mehl
2 EL Zucker
½ TL Vanillepulver
¼ TL Backpulver

Für die Glasur:
2 EL Birnenkompott
1 EL Birnensaft oder Birnenschnaps

Variante

Schokotropfen in den Teig geben und die Mug Cakes mit geschmolzener Schokolade überziehen.

Tipp

Ein nicht ganz aufgegessener Mug Cake eignet sich als Grundlage für ein köstliches Glasdessert oder Trifle.

ZUBEREITUNG

1 Die Butter in einer Schüssel in der Mikrowelle 20 Sekunden zerlassen.

2 Das Ei, den Zucker, das Birnenkompott, das Vanillepulver, den Kakao, das Backpulver und das Mehl zugeben und nach jeder Zugabe gründlich mischen.

3 Die Mischung auf 2 Bechertassen verteilen und in der Mikrowelle auf höchster Stufe (800 Watt) 1 Minute und 40 Sekunden backen.

4 Das Kompott und den Birnensaft oder -schnaps mischen und die Mug Cakes nach dem Herausnehmen aus der Mikrowelle damit überziehen.

BANANE-CORNFLAKES

2 PERSONEN • PREISWERT • SEHR EINFACH • ZUBEREITUNG: 5 MIN • BACKZEIT: 2 MIN

KÜCHENUTENSILIEN

1 Gabel
1 Schüssel
1 Schneebesen
2 Bechertassen

ZUTATEN

½ sehr reife Banane
2 EL Cornflakes
1 Ei
20 g Butter
3 EL flüssige Sahne
2 EL Zucker
2 EL Mehl
¼ TL Backpulver

Variante

Den Zucker durch Honig oder Ahornsirup ersetzen.

Tipp

Damit die Cakes ähnlich knusprig werden wie ein Crumble, bestreut man die Oberfläche mit etwas grob zerdrückten Cornflakes und Kristallzucker.

ZUBEREITUNG

1 Die halbe Banane mit der Gabel gründlich zerdrücken, die Cornflakes grob zerbröseln.

2 Die Butter in einer Schüssel in der Mikrowelle 20 Sekunden zerlassen.

3 Das Ei zugeben und einige Augenblicke schlagen, dann nach und nach den Zucker, die zerdrückte Banane, die flüssige Sahne und zum Schluss das Mehl, die Cornflakes und das Backpulver zugeben.

4 Auf 2 Bechertassen verteilen und in der Mikrowelle auf höchster Stufe (800 Watt) 1 Minute und 30 Sekunden backen.

KOKOS-ANANAS

2 PERSONEN • PREISWERT • SEHR EINFACH • ZUBEREITUNG: 5 MIN • BACKZEIT: 2 MIN

KÜCHENUTENSILIEN

1 Schüssel
1 Schneebesen
1 Mixer
2 Bechertassen

ZUTATEN

3 EL Kokosmilch
1 EL Kokosflocken
20 g Butter
1 Ei
2 EL Rohrzucker
3 EL Mehl
¼ TL Backpulver

Für das Ananaspüree:
1 Scheibe Ananas aus der Dose
2 EL Ananassirup

Variante

Auf die gleiche Art können Sie einen Mug Cake Kokos-Mango oder Kokos-Maracuja zubereiten.

Tipp

Falls die passierte Ananas für Ihren Geschmack zu süß ist, geben Sie 1 Teelöffel Limonensaft dazu.

ZUBEREITUNG

1 Die Butter in einer Schüssel in der Mikrowelle 20 Sekunden zerlassen.

2 Das Ei zugeben, anschließend die Kokosmilch, den Rohrzucker, das Mehl, die Kokosflocken und das Backpulver, dabei nach jeder Zugabe kräftig schlagen.

3 Auf 2 Bechertassen verteilen und in der Mikrowelle auf höchster Stufe (800 Watt) 1 Minute 30 Sekunden backen.

4 Das Ananaspüree zubereiten, hierzu die Frucht rasch mit dem Sirup mixen. Die fertigen Mug Cakes aus der Mikrowelle nehmen und mit einem Löffel Ananaspüree überziehen.

ARME RITTER

2 PERSONEN • PREISWERT • SEHR EINFACH • ZUBEREITUNG: 5 MIN • BACKZEIT: 2 MIN

KÜCHENUTENSILIEN

1 Schüssel – 1 Schneebesen – 2 Bechertassen

ZUTATEN

4 Scheiben Toastbrot oder Brioche
150 ml Milch
1 Ei
1 Prise Salz
2 Prisen Zimt

<u>Zum Servieren:</u>
wahlweise Ahornsirup, Konfitüre, Honig oder Zucker
Zimt nach Belieben

ZUBEREITUNG

Das zerpflückte Brot in 2 Bechertassen verteilen. Das Ei in eine Schüssel schlagen, die Milch zugießen, Salz und Zimt zugeben. Die Mischung auf die Tassen verteilen, um das Brot gut darin einzuweichen.

In der Mikrowelle auf höchster Stufe (800 Watt) 1 Minute backen. Nach Belieben mit Ahornsirup, Konfitüre, Honig oder Zucker und noch etwas Zimt servieren.

MARMORKUCHEN

2 PERSONEN • PREISWERT • SEHR EINFACH • ZUBEREITUNG: 5 MIN • BACKZEIT: 2 MIN UND 30 SEKUNDEN

KÜCHENUTENSILIEN

2 Schüsseln – 1 Schneebesen
2 Bechertassen – 1 Messer

ZUTATEN

20 g dunkle Schokolade
30 g Butter
1 Ei
3 EL flüssige Sahne
2 EL Zucker
3 EL Mehl
¼ TL Backpulver
1 Päckchen Vanillezucker

ZUBEREITUNG

Die Butter in einer Schüssel in der Mikrowelle 20 Sekunden zerlassen. In einer anderen Schüssel die in Stücke gebrochene Schokolade 20 Sekunden schmelzen lassen. Unter die zerlassene Butter das Ei, die flüssige Sahne, den Zucker, den Vanillezucker, das Backpulver und das Mehl mischen. Nach jeder Zugabe gründlich schlagen.

Die Hälfte vom Teig auf die 2 Tassen verteilen. Den Rest mit der geschmolzenen Schokolade mischen und jeweils auf den weißen Teig gießen. Mit einer Messerspitze kurz vermischen und in der Mikrowelle auf höchster Stufe (800 Watt) 1 Minute 40 Sekunden backen.

SCHOKO-ERDNUSS

2 PERSONEN • PREISWERT • SEHR EINFACH • ZUBEREITUNG: 5 MIN • BACKZEIT: 2 MIN

KÜCHENUTENSILIEN

1 Löffel
1 Schüssel
1 Schneebesen
2 Bechertassen

ZUTATEN

1 EL karamellisierte Erdnüsse
1 EL reines Kakaopulver
30 g Butter
1 Ei
3 EL Mehl
3 EL Zucker
5 EL Milch
¼ TL Backpulver

Variante

Die Butter durch Erdnussbutter und den Kakao durch 50 g dunkle Schokolade ersetzen.

ZUBEREITUNG

1 Die karamellisierten Erdnüsse mit einem Löffelrücken leicht zerdrücken oder hacken.

2 Die Butter in einer Schüssel in der Mikrowelle zerlassen. Das Ei, das Mehl, das Backpulver, den Zucker, den Kakao und die Milch zugeben und kräftig zu einer homogenen Masse schlagen.

3 Den Teig auf 2 Tassen verteilen, die zerkleinerten Erdnüsse ebenfalls auf die Tassen verteilen und rasch verrühren.

4 In der Mikrowelle auf höchster Stufe (800 Watt) 1 Minute und 30 Sekunden backen.

LEMON CURD

2 PERSONEN • PREISWERT • SEHR EINFACH • ZUBEREITUNG: 7 MIN • BACKZEIT: 3 MIN

KÜCHENUTENSILIEN

2 Schüsseln
1 Schneebesen
2 Bechertassen

ZUTATEN

1 TL abgeriebene Schale einer Bio-Zitrone
20 g Butter
1 Ei
3 EL flüssige Sahne
2 EL Zucker
4 EL Mehl
¼ TL Backpulver

Für den Lemon Curd:
1 EL Zitronensaft
1 TL abgeriebene Schale einer Bio-Zitrone
1 Eigelb
30 g Butter
3 EL Zucker

Variante

Mit 1 Teelöffel Zitronengelee dekorieren.

Tipp

Der Lemon Curd hält sich, luftdicht verschlossen, im Kühlschrank 2 Wochen.

ZUBEREITUNG

1 20 g Butter in einer Schüssel in der Mikrowelle 20 Sekunden zerlassen. Das Ei, die flüssige Sahne, den Zucker, die Zitronenschale, das Mehl und das Backpulver zugeben, dabei nach jeder Zugabe kräftig schlagen.

2 Auf 2 Tassen verteilen und in der Mikrowelle auf höchster Stufe (800 Watt) 1 Minute und 30 Sekunden backen.

3 Den Lemon Curd zubereiten: 30 g Butter in einer Schüssel 30 Sekunden im Zitronensaft zerlassen. Den Zucker zugeben, gut mischen, anschließend das Eigelb und die Zitronenschale zugeben, kräftig schlagen und 40 Sekunden in die Mikrowelle stellen. Nach der Hälfte der Garzeit umrühren.

4 Sobald die Kuchen fertig gebacken sind, mit Lemon Curd überziehen.

ENGLISCHE MUG CAKES

2 PERSONEN • PREISWERT • SEHR EINFACH • ZUBEREITUNG: 5 MIN • BACKZEIT: 2 MIN

KÜCHENUTENSILIEN

2 Schüsseln
1 Schneebesen
2 Bechertassen

ZUTATEN

1 EL gemischte kandierte Früchte
1 TL Rosinen
1 TL Whisky
20 g Butter
1 Ei
3 EL flüssige Sahne
3 EL Mehl
2 EL Zucker
1 Päckchen Vanillezucker
¼ TL Backpulver

Variante

Je nach Vorlieben kann man die kandierten Früchte auch durch Dörrobst oder Ölsaaten ersetzen.

Tipp

Die Früchte sehr klein schneiden – auch die Rosinen, falls nötig – damit sie nicht auf den Boden der Tasse sinken.

ZUBEREITUNG

1 Die Rosinen mit Whisky begießen und quellen lassen. Die kandierten Früchte in sehr kleine Würfel schneiden.

2 Die Butter in einer Schüssel in der Mikrowelle 20 Sekunden zerlassen. Das Ei, die flüssige Sahne, den Zucker, den Vanillezucker, das Mehl und das Backpulver zugeben. Nach jeder Zugabe gründlich mischen und zum Schluss die Rosinen und kandierten Früchte untermischen.

3 Den Teig auf 2 Tassen verteilen.

4 In der Mikrowelle auf höchster Stufe (800 Watt) 1 Minute und 40 Sekunden backen.

GEWÜRZKUCHEN

2 PERSONEN • PREISWERT • SEHR EINFACH • ZUBEREITUNG: 5 MIN • BACKZEIT: 2 MIN

KÜCHENUTENSILIEN

2 Schüsseln – 1 Schneebesen – 2 Bechertassen

ZUTATEN

1 Ei
20 g Butter
3 EL flüssige Sahne
2 EL brauner Zucker
2 EL Weizenmehl
2 EL Vollkornmehl
¼ TL Backpulver
1 Prise Zimt
1 Prise Ingwer
1 Prise Pfeffer
1 Prise Viergewürz
1 EL Orangengelee

ZUBEREITUNG

Die Butter in einer Schüssel in der Mikrowelle 20 Sekunden zerlassen. Das Ei, die Gewürze, den braunen Zucker, die flüssige Sahne, das Mehl und das Backpulver zugeben und nach jeder Zugabe gründlich mischen.

Die Mischung auf 2 Tassen verteilen und in der Mikrowelle auf höchster Stufe (800 Watt) 1 Minute und 40 Sekunden backen. Das Orangengelee mit 1 Esslöffel Wasser verdünnen und die Mug Cakes mit dieser Mischung glasieren.

PISTAZIE-MINZE

2 PERSONEN • PREISWERT • SEHR EINFACH • ZUBEREITUNG: 5 MIN • BACKZEIT: 2 MIN

KÜCHENUTENSILIEN

1 Schüssel – 1 Schneebesen – 2 Bechertassen

ZUTATEN

1 EL ungesalzene Pistazien
5 Minzblätter
1 Ei
30 g Butter
3 EL Milch
3 EL Mehl
2 EL Zucker
¼ TL Backpulver
2 Kugeln Minzeis

ZUBEREITUNG

Die Pistazien zerkleinern. Die Butter in einer Schüssel in der Mikrowelle 20 Sekunden zerlassen. Das Ei, die Milch, den Zucker, die fein geschnittenen Minzblätter, die Pistazien, das Mehl und das Backpulver zugeben. Nach jeder Zugabe gründlich mischen.

Auf 2 Tassen verteilen und in der Mikrowelle auf höchster Stufe (800 Watt) 1 Minute und 40 Sekunden backen. Jeden Tassenkuchen mit einer kleinen Kugel Eis garnieren und genießen.

ERDBEEREN MIT SCHLAGSAHNE

2 PERSONEN • PREISWERT • SEHR EINFACH • ZUBEREITUNG: 7 MIN • BACKZEIT: 2 MIN

KÜCHENUTENSILIEN

2 Schüsseln
1 Schneebesen
1 elektrisches Handrührgerät
2 Bechertassen

ZUTATEN

4 sehr süße Erdbeeren
20 g Butter
1 Ei
2 EL flüssige Sahne
2 EL Zucker
4 EL Mehl
¼ TL Backpulver
1 Päckchen Vanillezucker

Zum Dekorieren:
200 ml Schlagsahne
2 EL Puderzucker
2 Erdbeeren

Variante

Nach Geschmack weitere rote Früchte verwenden.

Tipp

Falls die Sahne nicht sehr kalt ist, zusammen mit einem Eiswürfel schlagen, damit sie schön steif wird.

ZUBEREITUNG

1 Die Erdbeeren in kleine Würfel schneiden.

2 Die Butter in einer Schüssel in der Mikrowelle 20 Sekunden zerlassen. Das Ei, die Sahne, den Zucker, den Vanillezucker, das Mehl und das Backpulver zugeben und nach jeder Zugabe kräftig schlagen.

3 Zuletzt die Erdbeeren untermischen, nun den Teig auf 2 Tassen verteilen. In der Mikrowelle auf höchster Stufe (800 Watt) 1 Minute und 30 Sekunden backen.

4 Die Deko zubereiten: Die kalte Sahne steif schlagen, dann den Puderzucker unterrühren. Die fertig gebackenen Mug Cakes mit Schlagsahne und jeweils 1 Erdbeere garnieren.

CHEESECAKE-VARIANTE

2 PERSONEN • PREISWERT • SEHR EINFACH • ZUBEREITUNG: 5 MIN • BACKZEIT: 1 MIN

KÜCHENUTENSILIEN

1 Schüssel
1 Schneebesen
2 Bechertassen

ZUTATEN

2 Butterkekse
1 Ei
2 EL Crème double
3 EL Quark, 40 % Fett
1 EL Mehl
3 EL Zucker
1 TL abgeriebene Schale einer Bio-Zitrone

Variante

Den Quark durch Ricotta oder Frischkäse ersetzen.

Tipp

Falls Sie den Tassen-Cheesecake aus der Tasse stürzen möchten, legen Sie diese zuvor mit Backpapier aus.

ZUBEREITUNG

1 Die Butterkekse zerbröseln und die Brösel auf dem Boden der beiden Tassen verteilen. Gut andrücken.

2 Das Ei mit der Crème double schlagen, dann den Quark, das Mehl, den Zucker und die Zitronenschale zugeben.

3 Den Teig über die Keksbrösel gießen.

4 In der Mikrowelle auf höchster Stufe (800 Watt) 1 Minute backen.

LIMONE-INGWER-CLAFOUTIS

2 PERSONEN • PREISWERT • SEHR EINFACH • ZUBEREITUNG: 5 MIN • BACKZEIT: 2 MIN UND 30 SEKUNDEN

KÜCHENUTENSILIEN

1 Schüssel – 1 Schneebesen
1 Reibe – 2 Bechertassen

ZUTATEN

1 EL Limonensaft
1 EL abgeriebene Schale einer Bio-Limone
2 cm frischer Ingwer
250 ml Vollmilch
1 Ei
2 EL brauner Zucker
1 EL Mehl
1 Messerspitze weißer Pfeffer

ZUBEREITUNG

Den Ingwer schälen und reiben. Die Milch in eine Schüssel gießen, das Ei zugeben und gut verschlagen, unter Schlagen die Limonenschale und den -saft, den Ingwer, den Pfeffer, den braunen Zucker und zum Schluss das Mehl zugeben.

Den Teig auf 2 Tassen verteilen und in der Mikrowelle auf höchster Stufe (800 Watt) 1 Minute und 30 Sekunden backen. Direkt nach dem Backen noch warm oder erkaltet wie einen Pudding nach 2 Stunden im Kühlschrank servieren.

MARONEN-MUG-CAKES

2 PERSONEN • PREISWERT • SEHR EINFACH • ZUBEREITUNG: 5 MIN • BACKZEIT: 2 MIN

KÜCHENUTENSILIEN

1 Schüssel – 1 Schneebesen – 2 Bechertassen

ZUTATEN

2 EL Maronencreme
20 g Butter
1 Ei
2 EL flüssige Sahne
3 EL Mehl
¼ TL Backpulver
1 Prise Gewürznelkenpulver

Zum Dekorieren:
2 glasierte Maronen
2 Prisen Gewürznelkenpulver

ZUBEREITUNG

Die glasierten Maronen in kleine Würfel schneiden. Die Butter in einer Schüssel in der Mikrowelle 20 Sekunden zerlassen. Das Ei, die Maronencreme, die flüssige Sahne, das Mehl, das Backpulver und das Gewürznelkenpulver unter gründlichem Rühren zugeben.

Den Teig auf 2 Tassen verteilen und in der Mikrowelle auf höchster Stufe (800 Watt) 1 Minute und 40 Sekunden backen. Nach dem Herausnehmen aus der Mikrowelle mit Maronenstücken und Gewürznelkenpulver bestreuen.

MUG CAKES MIT ROSENWASSER

2 PERSONEN • PREISWERT • SEHR EINFACH • ZUBEREITUNG: 5 MIN • BACKZEIT: 2 MIN

KÜCHENUTENSILIEN

1 Schüssel
1 Schneebesen
2 Bechertassen

ZUTATEN

1 TL Rosenwasser
250 ml Vollmilch
3 EL flüssige Sahne
2 EL Zucker
1 gestr. EL Maisstärke

Zum Dekorieren:
1 EL Pinienkerne

Variante

Probieren Sie die Cakes auch mit Orangenwasser, Kakao, Vanille …

Tipp

Je nach Leistung der Mikrowelle und Tassengröße verlängert sich die Backzeit eventuell um 30–50 Sekunden.

ZUBEREITUNG

1 Die Maisstärke in der kalten Milch auflösen.

2 Die flüssige Sahne, den Zucker und zum Schluss das Rosenwasser zugeben. Gründlich schlagen, damit es keine Klümpchen gibt und die Mischung auf 2 Tassen verteilen.

3 Eine Minute auf höchster Stufe (800 Watt) in der Mikrowelle backen. Die Tassen herausnehmen, den Teig erneut gut mischen und eine weitere Minute backen.

4 Die fertigen Mug Cakes aus der Mikrowelle nehmen und mit Pinienkernen bestreuen. Warm genießen oder 2 Stunden in den Kühlschrank stellen und kalt essen wie einen Pudding.

GRIESS MIT ROTEN FRÜCHTEN

2 PERSONEN • PREISWERT • SEHR EINFACH • ZUBEREITUNG: 5 MIN • BACKZEIT: 2 MIN

KÜCHENUTENSILIEN

1 Schüssel
1 Schneebesen
2 Bechertassen

ZUTATEN

2 gestrichene EL feinkörniger Grieß
2–3 EL rote Früchte (Brombeeren, Himbeeren, Johannisbeeren, Erdbeeren)
250 ml Vollmilch
3 EL flüssige Sahne
2 EL Zucker
1 Päckchen Vanillezucker

<u>Zum Servieren:</u>
Püree oder Konfitüre aus roten Früchten

Variante

Dieser Grieß wird mehr oder weniger cremig oder leicht, je nachdem, ob Sie Vollmilch oder Magermilch oder nur flüssige Sahne verwenden.

Tipp

Die Tassen nicht zu voll machen, sonst laufen sie über.

ZUBEREITUNG

1 Die roten Früchte sehr klein schneiden.

2 Den Grieß gründlich in der Milch und der Sahne verrühren. Den Zucker, den Vanillezucker und die roten Früchte zugeben. Gut mischen.

3 Die Mischung auf 2 Tassen verteilen und in der Mikrowelle auf höchster Stufe (800 Watt) 2 Minuten backen. Erneut mischen und weitere 30–50 Sekunden backen.

4 Diese Mug Cakes überzogen mit Püree oder Konfitüre aus roten Früchten servieren.

MUG CAKES MIT MARSHMALLOWS

2 PERSONEN • PREISWERT • SEHR EINFACH • ZUBEREITUNG: 5 MIN • BACKZEIT: 2 MIN

KÜCHENUTENSILIEN

1 Schüssel
1 Schneebesen
2 Bechertassen

ZUTATEN

3 Marshmallows
30 g Butter
1 Ei
2 EL flüssige Sahne
2 EL Zucker
3 EL Mehl
¼ TL Backpulver
¼ TL Vanilleextrakt

Für die Glasur:
2–3 Marshmallows

Variante

Die Marshmallows durch Smarties, Fudges oder Mars ersetzen.

Tipp

In den USA gibt es eine gebrauchsfertige Marshmallow-Glasur unter der Bezeichnung Fluff. Sie wird wie ein Aufstrich verwendet.

ZUBEREITUNG

1 Die Butter in einer Schüssel 20 Sekunden in der Mikrowelle zerlassen.

2 Nach und nach Ei, Sahne, Zucker, Mehl, Backpulver und Vanilleextrakt zugeben. Nach jeder Zugabe gründlich schlagen.

3 Den Teig auf 2 Tassen verteilen und die Marshmallow-Stücke hineindrücken.

4 In der Mikrowelle auf höchster Stufe (800 Watt) 1 Minute und 10 Sekunden backen, jede Tasse mit mindestens 1 Marshmallow dekorieren und weitere 30 Sekunden backen.

MUG COOKIES MIT HASELNÜSSEN UND PUFFREIS

2 PERSONEN • PREISWERT • SEHR EINFACH • ZUBEREITUNG: 5 MIN • BACKZEIT: 1 MIN UND 30 SEKUNDEN

KÜCHENUTENSILIEN

1 Schüssel – 1 Schneebesen
2 Bechertassen

ZUTATEN

1 EL Puffreis
1 TL Haselnüsse
30 g Butter
1 Eigelb
2 ½ EL Zucker
1 TL Kakaopulver
3 EL Mehl

ZUBEREITUNG

Die Butter in einer Schüssel in der Mikrowelle 20 Sekunden zerlassen. Das Eigelb, den Kakao, den Zucker, den Puffreis, die grob gehackten Haselnüsse und das Mehl unterrühren. Nach jeder Zugabe gründlich mischen.

Die Mischung auf 2 Tassen verteilen. In der Mikrowelle auf höchster Stufe (800 Watt) 1 Minute backen.

SCHOKOLADE-KAFFEE

2 PERSONEN • PREISWERT • SEHR EINFACH • ZUBEREITUNG: 5 MIN • BACKZEIT: 2 MIN

KÜCHENUTENSILIEN

1 Schüssel – 1 Schneebesen
2 Bechertassen

ZUTATEN

60 g dunkle Schokolade
1 TL Instant-Kaffeepulver
100 ml flüssige Sahne
100 ml Milch
1 Ei
1 EL Mehl
2 EL Zucker
1 Päckchen Vanillezucker

ZUBEREITUNG

In einer Schüssel 50 g in kleine Stücke zerbrochene Schokolade mit 50 ml Milch in der Mikrowelle 20 Sekunden schmelzen. Die restliche Milch, die flüssige Sahne, den Instantkaffee, das Ei, die Milch, den Zucker und den Vanillezucker zugeben. Gründlich mischen.

Die Mischung auf 2 Tassen verteilen und in der Mikrowelle auf höchster Stufe (800 Watt) 1 Minute backen. 1 oder 2 Schokoladenstücke auf jeden Mug Cake legen und weitere 30 Sekunden backen.

KAROTTEN-MUG-CAKES

2 PERSONEN • PREISWERT • SEHR EINFACH • ZUBEREITUNG: 5 MIN • BACKZEIT: 1 MIN UND 30 SEKUNDEN

KÜCHENUTENSILIEN

2 Schüsseln
1 Schneebesen
2 Bechertassen

ZUTATEN

4 EL Karotten, geraspelt
1 Ei
2 EL Pflanzenöl
3 EL Mehl
2 EL Zucker
1 EL grob gehackte Walnüsse
¼ TL Backpulver
¼ TL Vanilleextrakt
1 Prise Zimtpulver

Für die Glasur:
2 EL Frischkäse (z. B. Philadelphia)
2 EL Puderzucker
einige Tropfen Vanilleextrakt
einige Walnüsse (nach Belieben)

Variante

Sie können diese Mug Cakes mit 1 Teelöffel Orangenschalen aromatisieren.

Tipp

Sie haben es noch eiliger? Bereiten Sie die Tassen im Voraus zu und frieren sie ein. Dann einfach in die Mikrowelle stellen und die Backzeit verdoppeln.

ZUBEREITUNG

1 In einer Schüssel das Ei mit dem Pflanzenöl, dem Zucker, dem Mehl, dem Backpulver, dem Vanilleextrakt und dem Zimt schlagen.

2 Die geraspelten Karotten und die zerkleinerten Walnüsse einrühren und gut mischen.

3 Die Mischung auf 2 Tassen verteilen und in der Mikrowelle auf höchster Stufe (800 Watt) 1 Minute und 30 Sekunden backen.

4 Die Glasur zubereiten: Den Frischkäse mit Puderzucker und Vanilleextrakt sehr glatt rühren und die Karotten-Mug-Cakes damit überziehen, sobald sie aus der Mikrowelle kommen. Nach Wunsch mit einigen Walnüssen bestreuen.

SESAM-OLIVENÖL

2 PERSONEN • PREISWERT • SEHR EINFACH • ZUBEREITUNG: 5 MIN • BACKZEIT: 1 MIN UND 30 SEKUNDEN

KÜCHENUTENSILIEN

1 Schüssel
1 Schneebesen
2 Bechertassen

ZUTATEN

1 TL schwarze Sesamsamen
2 EL natives Olivenöl
1 Ei
2 EL flüssige Sahne
3 EL Mehl
3 EL Honig
¼ TL Backpulver

Zum Dekorieren:
Puderzucker
1 Prise schwarze Sesamsamen

Variante

1 Teelöffel ungesalzene, zerkleinerte Pistazien zugeben.

Tipp

Das Olivenölaroma ist nur dezent. Sie können, wenn Sie möchten, die Mug Cakes vor dem Genuss mit etwas Olivenöl beträufeln.

ZUBEREITUNG

1 Das Ei mit dem Öl, der flüssigen Sahne, dem Mehl, dem Honig und dem Backpulver mischen, nach jeder Zugabe gründlich schlagen.

2 Die Sesamsamen untermischen.

3 Die Mischung auf 2 Tassen verteilen und in der Mikrowelle auf höchster Stufe (800 Watt) 1 Minute und 30 Sekunden backen.

4 Nach dem Herausnehmen aus der Mikrowelle die Mug Cakes mit Puderzucker bestäuben und mit Sesam bestreuen.

BANOFFEE MUGS

2 PERSONEN • PREISWERT • SEHR EINFACH • ZUBEREITUNG: 5 MIN • BACKZEIT: 2 MIN

KÜCHENUTENSILIEN

2 Schüsseln
1 Schneebesen
1 elektrisches Handrührgerät
2 Bechertassen

ZUTATEN

6 Spekulatius
30 g weiche gesalzene Butter
1 große Banane oder 2 kleine
150 ml flüssige Sahne
2 EL Zucker
2 EL Dulce de leche
1 EL dunkle Schokoladenspäne

Variante

Spekulatius durch andere Kekse und Dulce de leche durch Karamellcreme ersetzen.

Tipp

Dulce de leche selbst zubereiten: 1 ungeöffnete Packung gezuckerte Kondensmilch 40 Minuten im Wasserbad garen.

ZUBEREITUNG

1 Den Spekulatius zerbröseln und mit der Hälfte der gesalzenen Butter mischen. Diese Mischung auf dem Boden von 2 Tassen verteilen und gut andrücken.

2 Die Banane in Scheiben schneiden und mit der restlichen Butter und der Hälfte des Zuckers leicht zerdrücken. Auf den Spekulatius in den Tassen verteilen und in der Mikrowelle auf höchster Stufe (800 Watt) 1 Minute backen.

3 Inzwischen die gut gekühlte Sahne mit dem restlichen Zucker steif schlagen.

4 Die Banoffee Mugs fertig anrichten, hierzu die Schlagsahne und zum Schluss Dulce de leche über den Bananen verteilen. Zum Schluss mit Schoko-spänen bestreuen.

ERDNUSSBUTTER UND SCHOKOLADE

2 PERSONEN • PREISWERT • SEHR EINFACH • ZUBEREITUNG: 5 MIN • BACKZEIT: 2 MIN

KÜCHENUTENSILIEN

1 Schüssel – 1 Schneebesen – 2 Bechertassen

ZUTATEN

1 Ei
30 g Erdnussbutter
1 EL dunkle Schokokügelchen
2 EL Zucker
3 EL Mehl
¼ TL Backpulver
1 kleine Prise Salz

Zum Dekorieren:
2 TL Erdnussbutter
1 TL Krokant

ZUBEREITUNG

Die Erdnussbutter in einer Schüssel in der Mikrowelle 30 Sekunden schmelzen. Das Ei, den Zucker, das Mehl, das Salz und das Backpulver zugeben. Gründlich schlagen. Die dunklen Schokokügelchen zugeben und wieder mischen.

Auf 2 Tassen verteilen und in der Mikrowelle auf höchster Stufe (800 Watt) 1 Minute und 20 Sekunden backen. Nach dem Herausnehmen aus der Mikrowelle die Mug Cakes mit Erdnussbutter bestreichen und mit Krokant bestreuen.

MUG COOKIES MIT SMARTIES

2 PERSONEN • PREISWERT • SEHR EINFACH • ZUBEREITUNG: 5 MIN • BACKZEIT: 1 MIN UND 30 SEKUNDEN

KÜCHENUTENSILIEN

1 Schüssel – 1 Schneebesen – 2 Bechertassen

ZUTATEN

1 Dutzend Smarties
30 g Butter
1 Eigelb
2 EL Zucker
½ TL Vanilleextrakt
4 EL Mehl

ZUBEREITUNG

Die Butter in einer Schüssel in der Mikrowelle 20 Sekunden zerlassen. Das Eigelb zugeben und kräftig schlagen, dann den Zucker, das Vanilleextrakt und das Mehl unterrühren und gründlich mischen. Zum Schluss die geviertelten Smarties unterrühren.

Die Mischung auf 2 Tassen verteilen und in der Mikrowelle auf höchster Stufe (800 Watt) 1 Minute backen.

Diese überraschenden Cakes sehen nicht aus wie Cookies, schmecken aber so.

WALNÜSSE UND AHORNSIRUP

2 PERSONEN • PREISWERT • SEHR EINFACH • ZUBEREITUNG: 5 MIN • BACKZEIT: 2 MIN

KÜCHENUTENSILIEN

1 Schüssel
1 Schneebesen
2 Bechertassen

ZUTATEN

3 EL Ahornsirup
1 EL grob gehackte Walnüsse
30 g Butter
1 Ei
2 EL flüssige Sahne
4 EL Mehl
¼ EL Backpulver
1 Messerspitze Zimt

<u>Zum Dekorieren:</u>
2 Spritzer Ahornsirup
1 EL grob gehackte Walnüsse

Variante

Den Ahornsirup durch Rohrzuckersirup und den Zimt durch Ingwer ersetzen.

Tipp

Genießen Sie diese Mug Cakes auf amerikanische Art wie Pancakes mit Würstchen.

ZUBEREITUNG

1 Die Butter in einer Schüssel in der Mikrowelle 20 Sekunden zerlassen.

2 Das Ei, den Ahornsirup, die flüssige Sahne, den Zimt, das Mehl und das Backpulver zugeben. Nach jeder Zugabe kräftig schlagen, damit keine Klümpchen entstehen.

3 Die Walnüsse unter die Mischung rühren und diese auf die 2 Tassen verteilen. In der Mikrowelle auf höchster Stufe (800 Watt) 1 Minute und 40 Sekunden backen.

4 Vor dem Genuss einen Spritzer Ahornsirup über die Mug Cakes geben und sie mit grob gehackten Walnüssen bestreuen.

ANIC MAPLE SYRUP

MATCHA-TEE UND HIMBEEREN

2 PERSONEN • PREISWERT • SEHR EINFACH • ZUBEREITUNG: 5 MIN • BACKZEIT: 2 MIN

KÜCHENUTENSILIEN

1 Schüssel – 1 Schneebesen – 1 elektrisches Handrührgerät – 2 Bechertassen

ZUTATEN

¼ TL grüner Matcha-Tee
6 Himbeeren
20 g Butter – 1 Ei
2 EL flüssige Sahne
3 EL Zucker – 4 EL Mehl
¼ TL Backpulver – 1 kleine Prise Salz
<u>Zum Dekorieren:</u>
1 Eiweiß – 3 EL Puderzucker – einige Tropfen Zitronensaft – 2 Prisen grüner Matcha-Tee – ein paar Himbeeren

ZUBEREITUNG

Die Butter in einer Schüssel in der Mikrowelle 20 Sekunden zerlassen. Das Ei, die flüssige Sahne, den Zucker, den grünen Tee, das Backpulver, das Salz und das Mehl zugeben. Nach jeder Zugabe gründlich mischen, zum Schluss die Himbeeren unterheben.

Auf 2 Tassen verteilen und in der Mikrowelle auf höchster Stufe (800 Watt) 1 Minute und 40 Sekunden backen.

Die Glasur zubereiten: Das Eiweiß zu Eischnee schlagen, nach und nach den Puderzucker und den Zitronensaft einarbeiten. Die Mug Cakes mit dieser Mischung glasieren und mit einigen Himbeeren und einer Prise Matcha-Tee garnieren.

WEISSE SCHOKOLADE UND MARACUJA

2 PERSONEN • PREISWERT • SEHR EINFACH • ZUBEREITUNG: 7 MIN • BACKZEIT: 2 MIN

KÜCHENUTENSILIEN

1 Schüssel – 1 Schneebesen
1 Mixer – 2 Bechertassen

ZUTATEN

40 g weiße Schokolade
2 Maracujas
4 EL flüssige Sahne
2 EL Milch – 1 Ei
1 EL Mehl – 1 EL Zucker
¼ TL Backpulver
<u>Für das Fruchtpüree:</u>
2 Maracujas – 1 EL Puderzucker

ZUBEREITUNG

Die weiße, in Stückchen geschnittene Schokolade zusammen mit der Milch 30 Sekunden in einer Schüssel in der Mikrowelle schmelzen. Die Maracujas halbieren, das Fruchtfleisch herausholen und auf die geschmolzene Schokolade geben. Das Ei, die flüssige Sahne, den Zucker, das Mehl und das Backpulver einarbeiten, nach jeder Zugabe kräftig schlagen.

Die Mischung auf 2 Tassen verteilen und in der Mikrowelle auf höchster Stufe (800 Watt) 1 Minute und 40 Sekunden backen.

Für das Fruchtpüree das Fruchtfleisch von 2 Maracujas rasch mit 2 Esslöffeln Wasser und dem Puderzucker mixen. Die Mug Cakes damit überziehen.

KÜRBIS-ZIMT

2 PERSONEN • PREISWERT • SEHR EINFACH • ZUBEREITUNG: 5 MIN • BACKZEIT: 1 MIN

KÜCHENUTENSILIEN

1 Schüssel – 1 Schneebesen
2 Bechertassen

ZUTATEN

5 EL gekochter Kürbis
1 Ei
2 EL flüssige fettreduzierte Sahne
1 EL Mehl
¼ TL Backpulver
½ TL Aspartam oder Stevia
½ TL Zimtpulver
1 EL fettreduzierte Sahne oder Magerquark

ZUBEREITUNG

Den gekochten Kürbis in einer Schüssel zu Püree zerdrücken. Die flüssige Sahne, das Backpulver, den Zimt und den Süßstoff zugeben. Unter kräftigem Schlagen das Ei zugeben, zuletzt das Mehl und alles gut mischen.

Den Teig auf 2 Tassen verteilen und in der Mikrowelle auf höchster Stufe (800 Watt) 1 Minute backen. Nach dem Backen auf jede Tasse einen kleinen Löffel fettreduzierte Sahne oder Magerquark setzen und genießen.

SCHOKOLADE

2 PERSONEN • PREISWERT • SEHR EINFACH • ZUBEREITUNG: 5 MIN • BACKZEIT: 1 MIN UND 40 SEKUNDEN

KÜCHENUTENSILIEN

1 Schüssel – 1 Schneebesen
2 Bechertassen

ZUTATEN

2 Stückchen dunkle Schokolade
4 EL Magerquark
1 Ei
1 gehäufter TL reines Kakaopulver
1 TL Maisstärke
½ TL Aspartam oder Stevia
1 TL starker Kaffee

ZUBEREITUNG

Den Magerquark kräftig schlagen, damit er glatt wird. Das Ei, den Kakao, die Maisstärke, den Süßstoff und den Kaffee zugeben, nach jeder Zugabe kräftig schlagen.

Die Mischung auf 2 Tassen verteilen und in der Mikrowelle auf höchster Stufe (800 Watt) 1 Minute backen. Auf jede Tasse ein Stückchen Schokolade legen und weitere 40 Sekunden backen.

Lindt

LEICHTE KAROTTEN-MUG-CAKES

2 PERSONEN • PREISWERT • SEHR EINFACH • ZUBEREITUNG: 7 MIN • BACKZEIT: 2 MIN

KÜCHENUTENSILIEN

1 Gemüseschäler
1 Reibe
2 Schüsseln
1 Schneebesen
2 Bechertassen

ZUTATEN

2 große Karotten
1 Ei
1 TL Mehl
1 EL Weizenkleie
3 EL Magermilch
1 EL Honig oder Fruchtzucker
1 Päckchen Vanillezucker
¼ TL Backpulver
¼ TL Zimt

Für die Glasur:
2 EL Frischkäse
1 TL Puderzucker

Variante

Sie können 1 Esslöffel grob gehackte Walnüsse zugeben. Sie sind reich an Geschmack und an Omega-3-Fettsäuren.

Tipp

Eine raffinierte und köstliche Möglichkeit, die lieben Kleinen dazu zu bringen, Karotten zu essen.

ZUBEREITUNG

1 Die Karotten schälen und fein reiben. In eine Schüssel geben und in der Mikrowelle auf höchster Stufe (800 Watt) 40 Sekunden garen.

2 Nach und nach das Ei, das Mehl, die Weizenkleie, die Milch, den Honig oder Fruchtzucker, den Vanillezucker, das Backpulver und den Zimt zugeben und nach jeder Zugabe kräftig schlagen.

3 Den Teig auf 2 Tassen verteilen und in der Mikrowelle auf höchster Stufe (800 Watt) 1 Minute und 20 Sekunden backen.

4 Für die Glasur den Frischkäse mit dem Puderzucker schlagen und die fertigen Mug Cakes damit garnieren.

APRIKOSEN MIT KLEIE

2 PERSONEN • PREISWERT • SEHR EINFACH • EINWEICHZEIT: 1 STD • ZUBEREITUNG: 5 MIN • BACKZEIT: 1 MIN UND 20 SEKUNDEN

KÜCHENUTENSILIEN

2 Schüsseln
1 Schneebesen
2 Bechertassen

ZUTATEN

2 getrocknete Aprikosen
1 EL Weizenkleie
1 EL Haferkleie
1 Ei
250 ml Magermilch
½ TL Aspartam oder Stevia
¼ TL Backpulver
¼ TL Vanilleextrakt

Variante

1 halben Teelöffel Kakao oder 1 Esslöffel Schokokügelchen zugeben.

Tipp

Wenn Sie keinen Süßstoff verwenden möchten, nehmen Sie besser Honig oder Fruchtzucker als weißen Zucker.

ZUBEREITUNG

1 Die getrockneten Aprikosen in einer Schüssel mit Wasser 1 Stunde einweichen, anschließend fein hacken.

2 Die beiden Kleiesorten mit der Milch mischen, den Süßstoff, das Backpulver und das Vanilleextrakt zugeben, anschließend unter kräftigem Schlagen das Ei untermischen.

3 Den Teig auf 2 Tassen verteilen und in der Mikrowelle auf höchster Stufe (800 Watt) 50 Sekunden backen.

4 Die Aprikosenstücke untermischen und weitere 30 Sekunden backen.

KIRSCHEN MIT BITTERMANDEL

2 PERSONEN • PREISWERT • SEHR EINFACH • ZUBEREITUNG: 5 MIN • BACKZEIT: 2 MIN

KÜCHENUTENSILIEN

1 Schüssel
1 Schneebesen
2 Bechertassen

ZUTATEN

8 Kirschen, vorzugsweise Schwarzkirschen
einige Tropfen Bittermandelextrakt
1 Ei
20 g fettreduzierte Butter
250 ml Magermilch
1 EL Mehl
½ TL Aspartam oder Stevia
½ TL Vanilleextrakt

Variante

Außerhalb der Kirschsaison können Sie diese köstlichen Mug Cakes mit eingemachten oder in Schnaps eingelegten Kirschen zubereiten.

Tipp

Nehmen Sie dicke, saftige Kirschen, sind die Früchte klein, nehmen Sie mehr davon.

ZUBEREITUNG

1 Die Kirschen waschen, entstielen und entkernen. Je nach Größe halbieren oder dritteln.

2 Die Milch und die Butter 30 Sekunden in einer Schüssel in der Mikrowelle erhitzen.

3 Das Ei mit der Milch und der Butter verschlagen, anschließend den Süßstoff, das Mehl, das Bittermandelextrakt und das Vanilleextrakt gründlich untermischen. Zuletzt die Kirschstücke unterheben.

4 Den Teig auf 2 Tassen verteilen und in der Mikrowelle auf höchster Stufe (800 Watt) 1 Minute und 20 Sekunden backen.

APFELKOMPOTT UND JOHANNISBEEREN

2 PERSONEN • PREISWERT • SEHR EINFACH • ZUBEREITUNG: 7 MIN • BACKZEIT: 2 MIN UND 30 SEKUNDEN

KÜCHENUTENSILIEN

2 Schüsseln
1 Schneebesen
2 Bechertassen

ZUTATEN

1 Apfel (Granny Smith)
2 EL Johannisbeeren
1 Ei
½ TL Aspartam oder Stevia
20 g fettreduzierte Butter
250 ml Magermilch
2 EL fettreduzierte flüssige Sahne
1 EL Mehl
¼ TL Backpulver

Variante

Verwenden Sie eine Mischung aus Birne und zuvor eingeweichten Trockenpflaumen.

Tipp

Damit es noch schneller geht, können Sie fertiges Apfelkompott und TK-Früchte verwenden.

ZUBEREITUNG

1 Den Apfel schälen, das Kerngehäuse entfernen und den Apfel in sehr kleine Würfel schneiden. In einer Schüssel zusammen mit der Butter 1 Minute auf höchster Stufe (800 Watt) in der Mikrowelle garen. Das Kompott auf 2 Tassen verteilen.

2 Das Ei, den Süßstoff, die Milch, die Sahne, das Mehl und das Backpulver gründlich schlagen.

3 Diesen Teig über die Äpfel geben, anschließend die entstielten Johannisbeeren darauf verteilen.

4 In der Mikrowelle auf höchster Stufe (800 Watt) 1 Minute und 30 Sekunden backen.

GEWÜRZ-GETREIDE-COOKIES

2 PERSONEN • PREISWERT • SEHR EINFACH • ZUBEREITUNG: 5 MIN • BACKZEIT: 1 MIN

KÜCHENUTENSILIEN

1 Schüssel
1 Schneebesen
2 kleine Förmchen

ZUTATEN

1 EL Haferkleie
1 EL Haferflocken
1 Eigelb
2 EL Magerquark
2 EL fettreduzierte Sahne
½ EL Aspartam oder Stevia
¼ TL Ingwerpulver
¼ TL Zimtpulver
¼ TL Anispulver
1 kleine Prise weißer Pfeffer

Variante

Den Magerquark durch Joghurt ersetzen und einen Spritzer kalorienarmen Sirup zugeben.

Tipp

Der Vorteil von Haferkleie ist der stark sättigende Effekt aufgrund des hohen Gehalts an Ballaststoffen.

ZUBEREITUNG

1 In einer Schüssel Haferkleie und Haferflocken mischen.

2 Den Magerquark, die fettarme Sahne, das Eigelb, den Süßstoff, den Ingwer, den Zimt, den Anis und den weißen Pfeffer zugeben. Gründlich mischen.

3 Die Mischung auf 2 Tassen verteilen.

4 In der Mikrowelle auf höchster Stufe (800 Watt) 1 Minute backen, kurz abkühlen lassen und genießen.

LITSCHIS UND ROSENWASSER

2 PERSONEN • PREISWERT • SEHR EINFACH • ZUBEREITUNG: 5 MIN • BACKZEIT: 1 MIN UND 30 SEKUNDEN

KÜCHENUTENSILIEN

1 Schüssel
1 Schneebesen
2 Bechertassen

ZUTATEN

6 frische Litschis oder aus der Dose
1 EL Rosenwasser
1 Ei
300 ml Magermilch
1 gehäufter TL Maisstärke
½ TL Aspartam oder Stevia
2 g essbare Rosenblätter

Variante

Die Litschis durch Ananas und das Rosenwasser durch Rum ersetzen.

Tipp

Bio-Rosenblätter bekommen Sie in Bio-Läden oder aus dem eigenen Garten.

ZUBEREITUNG

1 Die frischen Litschis schälen und entsteinen. Frische oder eingelegte Litschis klein schneiden.

2 In einer Schüssel das Ei mit der Maisstärke und dem Süßstoff schlagen, anschließend die Milch und das Rosenwasser unterrühren.

3 Die Mischung auf 2 Tassen verteilen, die Früchte und ¾ der Rosenblätter darüber verteilen.

4 In der Mikrowelle auf höchster Stufe (800 Watt) 1 Minute und 30 Sekunden backen. Nach dem Herausnehmen aus der Mikrowelle mit den restlichen Rosenblättern bestreuen.

SCHINKEN-OLIVEN

2 PERSONEN • PREISWERT • SEHR EINFACH • ZUBEREITUNG: 5 MIN • BACKZEIT: 2 MIN

KÜCHENUTENSILIEN

1 Schüssel – 1 Schneebesen – 2 Bechertassen

ZUTATEN

1 Scheibe gekochter Schinken
6 grüne Oliven
30 g Butter
1 Ei
3 EL Mehl
2 EL geriebener Käse
3 EL Milch
¼ TL Backpulver
1 Prise Kräuter der Provence
Salz – Pfeffer

ZUBEREITUNG

Den Schinken in kleine Würfel schneiden, die Oliven entsteinen und vierteln. Die Butter in einer Schüssel in der Mikrowelle 20 Sekunden zerlassen.

Das Ei mit der Butter schlagen, die Milch, das Mehl, das Backpulver und den geriebenen Käse unterrühren. Mit Kräutern der Provence, Salz und Pfeffer würzen, gründlich mischen. Die Oliven und den Schinken unterrühren.

Die Mischung auf 2 Tassen verteilen und in der Mikrowelle auf höchster Stufe (800 Watt) 1 Minute und 40 Sekunden backen.

KRÄUTER UND FRISCHKÄSE

2 PERSONEN • PREISWERT • SEHR EINFACH • ZUBEREITUNG: 5 MIN • BACKZEIT: 1 MIN UND 30 SEKUNDEN

KÜCHENUTENSILIEN

1 Schüssel – 1 Schneebesen – 2 Bechertassen

ZUTATEN

3 EL Frischkäse Ihrer Wahl (Quark, Mascarpone, Bruccio, Ricotta)
1 Ei
2 EL Milch
6 Stängel Schnittlauch
2 Stängel glatte Petersilie
1 kleine Schalotte
2 EL Mehl
¼ TL Backpulver
Salz – Pfeffer

ZUBEREITUNG

Die Kräuter abspülen und sehr klein schneiden. Die Schalotte schälen und hacken. In einer Schüssel das Ei mit Frischkäse und Milch schlagen. Mehl, Backpulver, Kräuter und Schalotte unterrühren. Salzen und pfeffern.

Die Mischung auf 2 Tassen verteilen und in der Mikrowelle auf höchster Stufe (800 Watt) 1 Minute und 30 Sekunden backen.

RATATOUILLE

2 PERSONEN • PREISWERT • SEHR EINFACH • ZUBEREITUNG: 5 MIN • BACKZEIT: 1 MIN UND 30 SEKUNDEN

KÜCHENUTENSILIEN

1 Schüssel
1 Schneebesen
2 kleine Förmchen

ZUTATEN

2 EL Ratatouille
1 Ei
2 EL geriebener Käse
2 EL flüssige Sahne
2 EL Olivenöl
2 EL Mehl
¼ TL Backpulver
Salz
Pfeffer

Zum Servieren:
Passierte Paprika oder Tomaten

Variante

Geben Sie Kräuter dazu, um die Frische dieser herzhaften Mug Cakes zu unterstreichen.

Tipp

Eine köstliche Möglichkeit, kleine Reste zu verwerten, dabei sind die Abwandlungsmöglichkeiten unbegrenzt.

ZUBEREITUNG

1 Das Ei mit der flüssigen Sahne und dem Olivenöl schlagen. Salzen und pfeffern.

2 Das Mehl, das Backpulver, die Ratatouille und den geriebenen Käse gründlich untermischen.

3 Auf 2 Tassen verteilen und in der Mikrowelle auf höchster Stufe (800 Watt) 1 Minute und 30 Sekunden backen.

4 Nach dem Herausnehmen aus der Mikrowelle mit dem passierten Gemüse überziehen und genießen.

AUBERGINE-MOZZARELLA

2 PERSONEN • PREISWERT • SEHR EINFACH • ZUBEREITUNG: 5 MIN • BACKZEIT: 2 MIN

KÜCHENUTENSILIEN

1 Schüssel
1 Schneebesen
2 Bechertassen

ZUTATEN

2 Scheiben Aubergine, gegrillt oder gebraten
2 Scheiben Mozzarella (40 g)
1 Ei
20 g Butter
2 EL Milch
2 EL Mehl
¼ TL Backpulver
3 Basilikumblätter
Salz
Pfeffer aus der Mühle

Variante

1 Teelöffel Pesto und einige Pinienkerne zugeben.

Tipp

Für ein hausgemachtes Pesto zerkleinern und pürieren Sie im Mixer ½ Bund Basilikum, 2 Knoblauchzehen, 3 EL Pinienkerne und 4 EL Olivenöl mit Salz und Pfeffer.

ZUBEREITUNG

1 Die Basilikumblätter in feine Streifen, die Auberginen- und Mozzarellascheiben in kleine Würfel schneiden.

2 Die Butter in einer Schüssel in der Mikrowelle 20 Sekunden zerlassen, dann das Ei zugeben und gründlich schlagen. Anschließend die Milch, das Mehl und das Backpulver unterrühren, salzen und pfeffern.

3 Das Basilikum, die Aubergine und den Mozzarella unterheben und die Mischung auf 2 Tassen verteilen.

4 In der Mikrowelle auf höchster Stufe (800 Watt) 1 Minute und 30 Sekunden backen.

GORGONZOLA-BIRNE

2 PERSONEN • PREISWERT • SEHR EINFACH • ZUBEREITUNG: 7 MIN • BACKZEIT: 2 MIN UND 30 SEKUNDEN

KÜCHENUTENSILIEN

1 Gemüseschäler
2 Schüsseln
1 Schneebesen
2 Bechertassen

ZUTATEN

1 große reife, aber feste Birne
30 g Gorgonzola
30 g Butter
1 Ei
2 EL Mehl
2 EL Milch
¼ TL Backpulver
Pfeffer aus der Mühle

Variante

Den Gorgonzola durch einen anderen Blauschimmelkäse ersetzen und grob gehackte Walnüsse zugeben.

Tipp

Falls die Birne noch nicht richtig reif ist, garen Sie sie – in kleine Stücke geschnitten – zuvor 40 Sekunden in der Mikrowelle.

ZUBEREITUNG

1 Die Birne schälen und das Kerngehäuse entfernen. Das Fruchtfleisch klein schneiden. In eine Schüssel geben und in der Mikrowelle 1 Minute garen. Auf 2 Tassen verteilen.

2 Die Butter in einer Schüssel in der Mikrowelle 20 Sekunden zerlassen. Das Mehl, das Ei, die Milch und das Backpulver zugeben. Reichlich pfeffern.

3 Die Mischung kräftig schlagen, dann den zerpflückten Gorgonzola zugeben. Rasch verrühren und über die Birnen geben. Erneut mischen.

4 In der Mikrowelle auf höchster Stufe (800 Watt) 1 Minute und 30 Sekunden backen.

OLIVENÖL UND GETROCKNETE TOMATEN

2 PERSONEN • PREISWERT • SEHR EINFACH • ZUBEREITUNG: 5 MIN • BACKZEIT: 1 MIN UND 50 SEKUNDEN

KÜCHENUTENSILIEN

1 Schüssel
1 Schneebesen
2 Bechertassen

ZUTATEN

2 EL Olivenöl
4 getrocknete Tomaten in Öl
1 Ei
2 EL feines Maismehl
1 TL Mehl
½ TL Backpulver
3 EL Milch
Salz
Pfeffer

Variante

Geben Sie Kräuter Ihrer Wahl dazu und/oder ersetzen Sie das Maismehl durch feinkörnigen Grieß oder normales Mehl.

Tipp

Besonders gut schmecken diese Mug Cakes mit einem pikanten Kräutersalat oder 1 Scheibe rohem Schinken.

ZUBEREITUNG

1 Das Ei in einer Schüssel gründlich mit dem Olivenöl und der Milch verschlagen.

2 Nach und nach das Mehl, das Maismehl, das Backpulver, Salz und Pfeffer unterrühren.

3 Die getrockneten Tomaten aus dem Öl nehmen und in kleine Würfel schneiden. Unter den Teig heben und gut mischen.

4 Die Mischung auf 2 Tassen verteilen und in der Mikrowelle auf höchster Stufe (800 Watt) 1 Minute und 50 Sekunden backen.

RÄUCHERLACHS

2 PERSONEN • PREISWERT • SEHR EINFACH • ZUBEREITUNG: 5 MIN • BACKZEIT: 1 MIN UND 40 SEKUNDEN

KÜCHENUTENSILIEN

1 Schüssel – 1 Schneebesen – 2 Bechertassen

ZUTATEN

100 g Räucherlachs
1 Ei
3 EL Mehl
2 EL flüssige Sahne
2 EL Olivenöl
1 EL Schnittlauch
1 EL Dill
¼ TL Backpulver
Salz – Pfeffer

ZUBEREITUNG

Den Räucherlachs kleingewürfelt in eine Schüssel geben. Die sehr klein geschnittenen Kräuter über den Lachs geben. Das Ei, die Sahne, das Öl, das Mehl und das Backpulver zugeben und gründlich mischen. Salzen und pfeffern.

Die Mischung auf 2 Tassen verteilen und in der Mikrowelle auf höchster Stufe (800 Watt) 1 Minute und 40 Sekunden backen.

KRABBEN UND KRÄUTERFRISCHKÄSE

2 PERSONEN • PREISWERT • SEHR EINFACH • ZUBEREITUNG: 5 MIN • BACKZEIT: 1 MIN UND 40 SEKUNDEN

KÜCHENUTENSILIEN

1 Schüssel – 1 Schneebesen – 2 Bechertassen

ZUTATEN

20 g Doppelrahmkäse mit Kräutern und Knoblauch
2 EL Krabbenfleisch
2 EL flüssige Sahne
1 Ei
3 EL Milch
2 EL Mehl
¼ TL Backpulver
Salz – Pfeffer

ZUBEREITUNG

Den Käse in der Milch und der Sahne verrühren. Das Ei, das Salz und den Pfeffer zugeben und gründlich mischen. Unter Schlagen das Mehl und das Backpulver zugeben, zuletzt das Krabbenfleisch unterheben. Erneut mischen.

Die Mischung auf 2 Tassen verteilen und in der Mikrowelle auf höchster Stufe (800 Watt) 1 Minute und 40 Sekunden backen.

KOKOS UND KORIANDER

2 PERSONEN • PREISWERT • SEHR EINFACH • ZUBEREITUNG: 5 MIN • BACKZEIT: 1 MIN UND 30 SEKUNDEN

KÜCHENUTENSILIEN

1 Schüssel
1 Schneebesen
2 Bechertassen

ZUTATEN

200 ml Kokosmilch
6 Stängel Koriandergrün
1 Ei
2 EL flüssige Sahne
2 EL Mehl
1 Prise Knoblauchpulver
1 Prise Zwiebelpulver
1 Prise Ingwerpulver
1 Prise Currypulver
Salz
Pfeffer

Zum Dekorieren:
1 Prise Kokosraspel
einige Blättchen Koriandergrün

Variante

Eine richtige kleine Mahlzeit wird daraus, wenn Sie ein paar Crevetten oder gewürfeltes, gekochtes Hähnchenfleisch zugeben.

Tipp

Perfekt für ein schnelles Häppchen. Und danach ein süßer Mug Cake. Warum nicht?

ZUBEREITUNG

1 Den Koriander abspülen und sehr klein schneiden.

2 Das Ei mit der Kokosmilch und der flüssigen Sahne verschlagen.

3 Das Mehl, das klein geschnittene Koriandergrün, den Knoblauch, die Zwiebel, die Gewürze und das Salz zugeben. Gründlich mischen und auf 2 Tassen verteilen.

4 In der Mikrowelle auf höchster Stufe (800 Watt) 1 Minute und 30 Sekunden backen. Nach dem Herausnehmen mit Kokosraspeln und Koriandergrün dekorieren.

FEIGEN UND FOIE GRAS

2 PERSONEN • SEHR EINFACH • EINWEICHZEIT: 10 MIN • ZUBEREITUNG: 5 MIN • BACKZEIT: 1 MIN UND 30 SEKUNDEN

KÜCHENUTENSILIEN

2 Schüsseln
1 Schneebesen
2 Bechertassen

ZUTATEN

50 g Foie gras
2 getrocknete Feigen
1 Ei
2 EL Mehl
2 EL flüssige Sahne
¼ TL Backpulver
1 Prise Gewürzkuchengewürz
Salz
Pfeffer aus der Mühle

Zum Dekorieren:
1 Scheibe Gewürzkuchen

Variante

Sie können den Gewürzkuchen auch zu Mehl reiben und unter den Teig mischen.

Tipp

Für dieses Rezept können Sie wahlweise rohe Foie gras oder halbgekochte Foie gras verwenden.

ZUBEREITUNG

1 Die Feigen 10 Minuten in etwas Wasser einweichen. Anschließend, genau wie die Foie gras, klein schneiden.

2 In einer Schüssel das Ei mit dem Mehl, der Sahne, dem Backpulver, den Gewürzen, Salz und Pfeffer schlagen. Die Foie gras und die Feigen zugeben und gut untermischen.

3 Die Mischung auf 2 Tassen verteilen und in der Mikrowelle auf höchster Stufe (800 Watt) 1 Minute und 30 Sekunden backen.

4 Den Gewürzkuchen toasten und grob zerpflücken. Die gebackenen Mug Cakes damit bestreuen.

INDEX

SCHLEMMER-MUG-CAKES

LEICHTE MUG CAKES

HERZHAFTE MUG CAKES

Sweet dreams ...

Die kleine Muffin- & Cake-Manufaktur

Ob herzhaft oder süß, mit Mozzarella oder Karamell, Speck oder Bananen – mit Muffins lassen sich auch die verwöhntesten Gaumen verblüffen. Das neueste Set unserer erfolgreichen Manufaktur-Reihe zeigt abwechslungsreiche und kreative Rezepte für Muffins und Cakes. Das attraktive und preisgünstige Geschenkset enthält ein aufwändig und liebevoll gestaltetes Buch mit zahlreichen Muffin- und Cake-Rezepten und neun wiederverwendbare Silikonförmchen in poppigen Farben.

Buch ca. 60 Seiten, zahlreiche Farbfotos, 95 x 120 mm, gebunden, in dekorativer Geschenkbox, mit 9 wiederverwendbaren Silikonförmchen

ca. € 12,99 ISBN 978-3-86852-931-9

Erscheint ca. September 2014

Die kleine Cupcake-Manufaktur

Ob mit Zuckerguss oder einer verführerischen Cremehaube – Cupcakes, die kleinen Kuchen, sind längst die Stars jeder süßen Tafel. 20 raffinierte Rezepte lassen die Herzen aller Hobby-Bäcker höher schlagen. Dieses wunderschöne und preisgünstige Geschenkset in gewohnt hochwertiger Ausstattung enthält ein charmant gestaltetes Buch mit zahlreichen Cupcake-Rezepten und 16 hochwertige, wiederverwendbare Silikonförmchen in schönen Pastelltönen.

Buch ca. 60 Seiten, zahlreiche Farbfotos, 95 x 120 mm, gebunden, in dekorativer Geschenkbox, mit 16 wiederverwendbaren Silikonförmchen

ca. € 12,99 ISBN 978-3-86852-930-2

Erscheint ca. Oktober 2014

Die kleine Macarons-Manufaktur

Knusprig-zart und zugleich köstlich cremig! Ob mit Früchten, Schokolade oder Karamell – Die kleine Macarons-Manufaktur präsentiert die besten Rezepte von klassisch bis raffiniert und führt in 15 Schritten zu luftig-leichten Köstlichkeiten. Die dekorative Geschenkbox mit dem charmanten Rezeptebuch im Hardcover-Mini-Format enthält alles, was man für die Zubereitung des Trend-Gebäckes braucht: einen Spritzbeutel und sechs unterschiedliche Metalltüllen zum Formen und Dekorieren der kleinen Köstlichkeiten. Eine wunderschöne Geschenkidee zum kleinen Preis!

Buch 60 Seiten, ca. 40 farbige Fotos, 95 x 120 mm, gebunden, in dekorativer Geschenkbox, mit Spritzbeutel und 6 unterschiedlichen Metalltüllen

€ 12,99 ISBN 978-3-86852-655-4

Die kleine Pralinen-Manufaktur

Die kleine Pralinenmanufaktur enthält alles, was man braucht, um Pralinen selbst herzustellen: 30 wiederverwendbare Pralinenförmchen und ein Anleitungsbuch mit 20 Rezepten für edle Pralinen, die auch Anfängern gelingen. Die liebevoll und hochwertig gestaltete Geschenkbox mit dem hübschen, kleinen Buch ist eine tolle Geschenkidee! Durch den günstigen Preis ist das dekorative Set auch als Mitbringsel geeignet. Die kleine Pralinenmanufaktur präsentiert die erstaunliche Vielfalt der kleinen Köstlichkeiten und führt Sie in 15 Schritten zur perfekten Praline.

Buch 60 Seiten, ca. 40 farbige Fotos, 95 x 120 mm, gebunden, in dekorativer Geschenkbox mit 30 wiederverwendbaren Silikongießförmchen in 6 Formen

€ 12,99 ISBN 978-3-86852-445-1

Bestellungen unter Tel.: 0531 7088560, Fax: 0531 708601,

Die 30 besten Rezepte

Nutella darf auf keinem Frühstückstisch fehlen, doch die Nuss-Nougat-Creme mit Kultstatus kann viel mehr. Entdecken Sie die ungeahnte Vielseitigkeit und lassen Sie sich von den besten 30 Rezepten verzaubern – von Mandelbiskuits mit flüssigem Kern und Honig-Crêpes mit Nutella-Eis bis zu Kokos-Schweineöhrchen, Macarons und Nutella-Crossies. Das ultimative Geschenkbuch für alle Nutella-Fans!

64 Seiten, ca. 30 Farbfotos, 145 x 190 mm, in dekorativer Geschenkform

€ 7,99 ISBN 978-3-86852-552-6

Das Kult-Eis zum Selbermachen

Außergewöhnliche Eiscreme in zahllosen Geschmacksrichtungen mit riesigen Stückchen - mit diesem Erfolgsrezept erobert Ben & Jerry's weltweit die Herzen aller Eisfans. Von Basismischungen bis zu geheimen Zutaten – Ben Cohen & Jerry Greenfield präsentieren über 90 Originalrezepte zum Selbermachen. Ob Milchreis oder Sorbet, Shake, Slush oder heiße Schokolade, alle Rezepte wurden eigens an die Zubereitung zu Hause angepasst und natürlich um die besten Brownies, Cookies und Saucen ergänzt.

128 Seiten, ca. 140 farbige Illustrationen, 210 x 189 mm, Paperback

€ 12,99 ISBN 978-3-86852-631-8

Für Schokoladenfreunde

Ritter Sport: Quadratisch, praktisch, gut! Aber echte Schokoladenfreunde lieben sie nicht nur pur, sondern auch als Protagonisten in Desserts. Die kreativen Rezepte mit den unterschiedlichsten Sorten von Ritter Sport werden nicht nur Schokoladenfreunde begeistern! Von Rum-Trauben-Nuss-Muffins über Espresso-Whiskey-Torte und Schoki-Likören bis hin zu würzigen Rotwein-Würfeln – lassen Sie sich von der großen Rezept-Auswahl in diesem Buch inspirieren. Eine tolle Geschenkidee nicht nur für Ritter Sport-Fans.

64 Seiten, 170 x 170 mm, zahlreiche Farbfotos, gebunden

€ 9,99 ISBN 978-3-86852-905-0

Wintermuffins

Ob Zimt, Apfel, Rosinen oder Marzipan – diese zauberhaften Wintermuffins versüßen die kalte Jahreszeit weit über Weihnachten hinaus mit kreativen und abwechslungsreichen Backideen von süß bis herzhaft. Das attraktiv gestaltete Buch ist das ideale Geschenk zur kalten Jahreszeit: Himmlische Rezeptideen und viele festliche Deko-Anregungen machen das einzige Buch zum Back-Thema Winter- und Weihnachtsmuffins zu einem wundervollen Mitbringsel zur Advents- und Weihnachtszeit.

ca. 96 Seiten, zahlreiche Farbfotos, 210 x 210 mm, gebunden

€ 9,99 ISBN: 978-3-86852-957-9

Erscheint ca. September 2014